# LA BARAJA ESPAÑOLA

*para Principiantes*

La Baraja Española para Principiantes
The Little French

Cover by: Blue Dragoon Books

Published by Blue Dragoon Books

All rights reserved. No part of this book may be used or reproduced in any manner whatsoever without written permission, except in the case of brief quotations embodied in critical articles or reviews.

Published 2022

Copyright 2022 The Little French's Media LLC

# LA BARAJA ESPAÑOLA

El diseño de la baraja española data del siglo XVI, y los cuatro palos representados en ella son el reflejo de los cuatro principales estamentos de la Edad Media. Oro para los comerciantes, copa para el clero, espada para los nobles y bastos para los siervos.

Desde siempre se ha utilizado la baraja española para leer el futuro. De hecho hace años atrás, en España sólo se utilizaba la Baraja Española. El Tarot aunque se conocía, se empezó a utilizar más tarde.

La baraja española es una versión reducida de los arcanos menores del Tarot. Ella es un mazo o conjunto de cuarenta y ocho o cuarenta naipes o cartas. La versión más usada es la de cuarenta naipes (sin ochos ni nueves -lo que se llaman los "arcanos menores") se les añade el 10 de cada palo (además de la sota) y los llamados "arcanos mayores", que son los que, generalmente, se usan para la adivinación.

Los naipes están divididos en cuatro "familias", "pintas" o "palos". Los palos son "oros", "copas", "espadas" y "bastos", a cada uno de los cuales le corresponde su iconografía característica.

La baraja española tiene una serie de peculiaridades que la hacen diferente del resto de diseños de naipes. En primer lugar, son las únicas cartas que no tienen reina, y es que como todos conocemos, las figuras de la baraja española son 'Sota' 'Caballo' y 'Rey'.

## OROS

dinero, herencias, inversion
propiedades, suerte en el jue
lo intelect

Cuando los oros mezclados
copas: las cartas indi
estabilidad emocion
sentimental en la vida d
persona que consu

Si aparecen junto con espac
anuncian impediment
obstáculos dentro del terreno
las posesiones y el dine

Si se muestran mezclados
bastos, indican que, a base
esfuerzos y propósitos, se pue
llegar a una estabilid
económica y material. Tamb
se pueden obtener gananci
bienes a través de herenc

## COPAS

amor, pareja, matrimonio, felicidad, amante, hijos, la familia, creatividad, amistad, fertilidad.

Cuando las copas aparecen rodeadas de oros, indican que podemos obtener una buena seguridad y armonía en el terreno afectivo o sentimental en nuestras relaciones.

Si están rodeadas de espadas, indican que tenemos que superar muchas dificultades y contrariedades para obtener las relaciones afectivas que nos hemos propuesto.

Si aparecen rodeadas de bastos, muestran que tendremos que trabajar y esforzarnos, pues depende sólo de nuestro propio esfuerzo conseguir resultados óptimos y favorable u interpretación

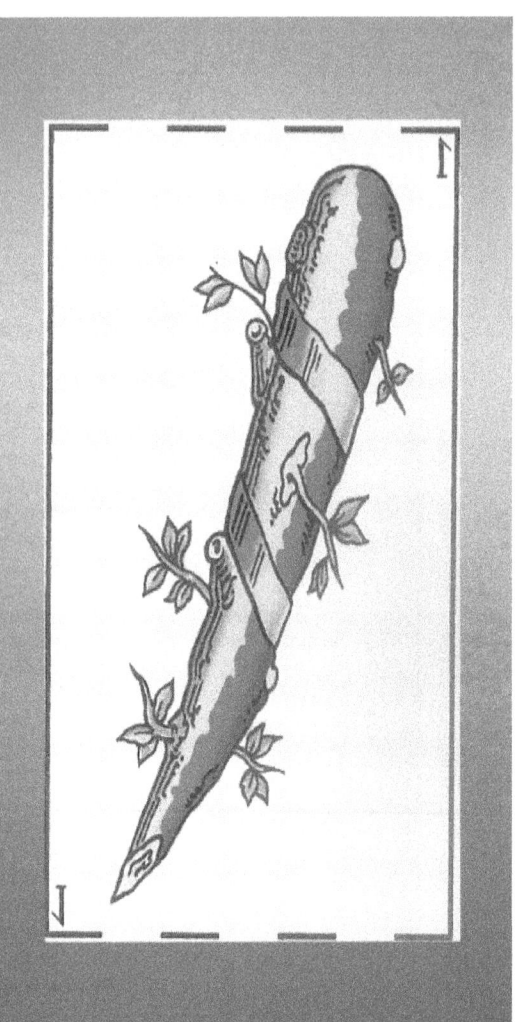

## BASTOS

acción, desplazamientos, vi
energía, trabajo, intelige
éxito profesional, proye

Cuando aparecen rodeado
copas, indican que en la activ
que estamos realizando
vamos a ver rodeado
personas o ca

Si aparecen mezclados
espadas, señalan que vam
tener muchas dificultades
hora de realizar o empre
cualquier actividad que
hayamos propu

Si aparecen con oros, indican
tendremos buenas posibilid
de obtener benef
económicos a través d
actividades que este
realiza

## ESPADAS

accidentes, salud, peleas, malo
entendidos, estado anímico
tristeza

Si las espadas aparecen rodeada
de oros, quiere decir que s
pueden solucionar los problema
económicos o de salud

Si están rodeadas de copas
indica que todos los obstáculos
impedimentos que tenemos e
nuestras relaciones tienden
restablecerse

Si aparecen rodeadas de bastos
anuncian que nuestra
actividades tienden a mejorar
aumenta

# COMO SE ABRE EL TERCER OJO

En el cerebro tenemos 3 glándulas importantes: Pineal, Pituitaria y Hipófisis. La hipófisis regula la parte hormonal, la pituitaria maneja las energías de nuestro cuerpo físico, y la pineal maneja nuestro campo espiritual. La pineal está en el medio del cerebro, y es la que maneja el nivel emocional. Si tú te cargas de muchas emociones negativas, pero eres una que te conecta puede ser que tengas esa pineal bloqueada. ¿Bloqueada… por qué? Tú te vas a seguir conectando igual, pero el filtro, una analogía seria: la de filtro del agua que se debe cambiar porque se tapó con la tierra, y ésta hay que sacarla. Para desbloquearla se debe de liberar los chakras.

**Se debe trabajar la columna vertebral que funciona**, literalmente, **como una batería**: el hueso occipital cuenta con una carga negativa y el hueso sacro cuenta con una carga positiva. Entre ellos se encuentran las vértebras rodeadas de un liquido, el liquido céfalo raquideo, que vendrían a funcionar como los fusibles del cuerpo y que, en caso de sobrecarga energética o física (a causa de algún trauma), los fusibles se deterioran. Por ello, **es esencial mantener un buen flujo energético en la notocorda**, con el fin de que no se den sobrecargas que se traduzcan, por ejemplo, en hernias discales o que bajen los recursos del cuerpo físico y energético. Al liberarla de esa capa que forma las emociones negativas, la energía fluye y así los chakras se abren.

La altura de la pineal depende de las personas. Una persona lo puede tener más arriba otra más abajo, ¿cómo lo probamos? Tocando poco a poco donde se ubica el tercer ojo, y en donde se sienta una pequeña hendidura es donde se encuentra su glándula pineal.

La glándula por no usarla se vuelve como más pequeña, y en la medida en que la trabajamos se agranda, y está muy cerca del límbico donde está el nivel emocional.

¿Cómo se activa?

Se va a ir a imaginar una luz blanca brillante sale así hacia adelante e igual que sale hacia atrás de la glándula, y haciéndose ejercicio y sabiendo dónde se tiene ubicada ésta se va a activar, tratar ella va a estar lo más posible sin estar bloqueada. Además, cuando se ubique con el dedo del medio, hay dos maneras de activarla: tonificándola o sedándola, porque está en 1 de los meridianos. Tonificarla es con pequeños golpes -y estos deben ser entre 10 y 15 pequeños golpes, y sedándola es rotar en sentido contrario de las manecillas del reloj el dedo del medio encima de ésta.

¿Después de esto que va a pasar? Va a sentir como que se tiene un pequeño peso, no dolor, sino un pequeño peso, como cuando se está empezando a dormirse, que no se puede abrir los ojos porque se está muy cansado, y cuando se haya hecho varias veces los ejercicios ésta va a empezar a funcionar y se va a estar muy conectado. Se va a manejar una energía diferente, y al abrir la glándula pineal conectas con tu registro akáshico. Y el registro akáshico es la biblioteca del universo que se encuentra en la tierra, y tú eres parte de esa biblioteca, eres un estante.

# LAS FIGURAS

**REY DE OROS**

Simboliza un hombre adinerado, en ocasiones poderoso, egocéntrico y pragmático, dominado por los aspectos materiales.

Se suele asociar en el plano físico a un hombre de pelo rubio.

**REY DE COPAS**

Simboliza un hombre soñador, amable, afectivo, idealista, a veces, débil.

Se suele asociar en el plano físico a un hombre de pelo castaño.

### REY DE BASTOS

Representa un hombre voluntario, trabajador, algo rústico, con gran sentido de deber, dictador.

En el plano físico se suele asociar a una persona moren

## REY DE ESPADAS

Representa un hombre militar o juez, dominante, representante de la ley o moral.

En el plano físico se suele asociar a una persona morena.

## EL CABALLO DE OROS

Suele simbolizar la posibilid(ad)
de cambiar o emprende(r)
cualquier actividad relacion(ada)
con los bienes materiales (y)
económicos de la persona (de)
consulta.

### EL CABALLO DE COPAS

Suele indicar posibilidad o intento de cambio en el terreno afectivo o en las relaciones del consultante. También actividad en este terreno.

### EL CABALLO DE BASTOS

Significa la posibilidad de cam[bio]
en las actividades como el traba[jo],
estudio, deportes, etc. De algu[na]
manera, en cualquier actividad [en]
la que el consultante se realice [de]
forma personal.

## EL CABALLO DE ESPADAS

Simboliza la posibilidad de realizar cambios en los que se encontrarán adversidades y obstáculos.

## LA SOTA DE ORO

Simboliza a alguien con aires
grandeza, orgullosa, vanidos
superficial, inteligente, egoís

## LA SOTA DE COPAS

Representa a una persona cariñosa, generalmente joven, soñadora, que veces no tiene los pies en el suelo, idealista y amigable.

## LA SOTA DE BASTOS

Simboliza a una persona trabajadora, sencilla, activa, puede tener una educación estricta.

### LA SOTA DE ESPADAS

Simboliza a una persona que nos puede inducir a cometer errores, que obstaculiza nuestras metas y cuyas intenciones son algo dudosas hacia nosotros.

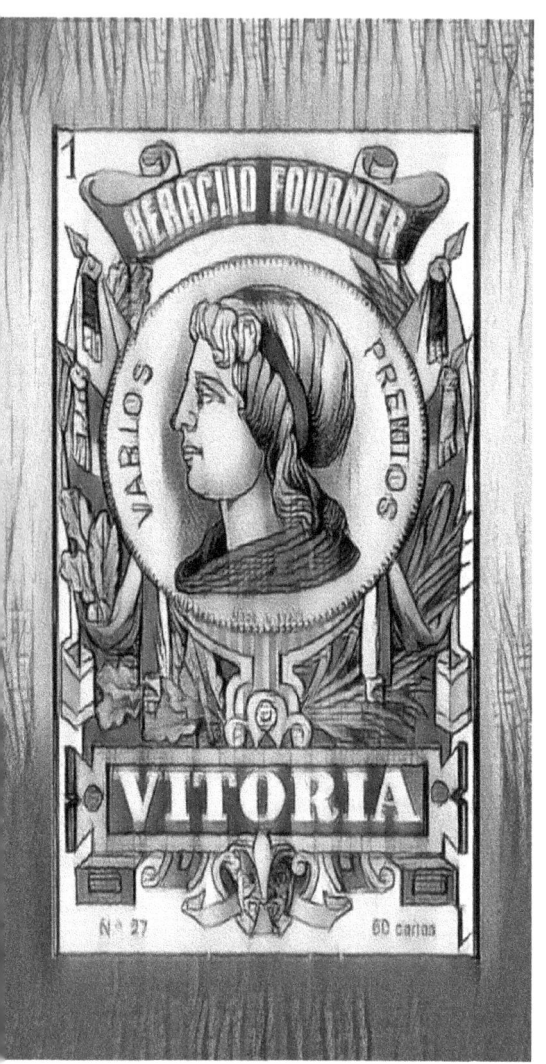

**EL AS DE OROS**

Simboliza un éxito, una unión, logro de una meta o de un proyecto.

## EL AS DE COPAS

Suele simbolizar el hogar o el ambiente que rodea al consultante; aporta cierta seguridad en el terreno sentimental.

## EL AS DE BASTOS

Significa el comienzo de alg[o]
un nacimiento.

Es un símbolo fálico (referent[e a]
la procreación).

## EL AS DE ESPADAS

Generalmente, es una carta que representa la confirmación de algo, ratifica una situación tanto en lo favorable como en lo desfavorable.

# COMBINACIONES

Si en un oráculo predominan los oros, indica que la consulta puede estar determinada principalmente por cuestiones monetarias o materiales.

Si aparece un mayor número de cartas de copas, muestra que el motivo esencial de la consulta es un tema afectivo, amistoso o de relaciones.

Si es de bastos el predominio, señala que el motivo de la consulta está principalmente relacionado con cuestiones laborales, de estudios o profesionales.

Si las cartas que superan en número son de espadas, ello indica que la persona va a encontrar serias dificultades e inconvenientes para conseguir lo que se propone.

El palo de espadas a veces indica enfermedades tanto físicas como psíquicas.

Asociado a otras cartas, serán éstas las que determinen a qué personas o situaciones se refieren.

### Tres ases
Indican suerte o posibilidad de éxitos en alguna cuestión que se presenta de modo rápido e inesperado.

### As de bastos con as de espadas
Posible nacimiento.

### As de bastos con cinco de bastos
Pelea.

### As de bastos, as de espadas y siete de espadas
Hijo que muere al nacer o aborto.

### Dos de bastos con siete de espadas
Trámites de divorcio o separación.

### Cuatro de bastos con siete de espadas
Posible violación o traumas sexuales.

### Cuatro de bastos, as de bastos y una espada
Relaciones sexuales no heterosexuales (homosexualidad, bisexualidad, etc.) o muy desagradables.

### Caballo junto al siete de espadas
Posibilidad de accidente grave o enfermedad de origen imprevisible y rápido.

### As de oros junto al siete de copas
Posible unión, acompañada de éxitos sentimentales y afectivos.

### As de oros, as de copas y siete de oros
Persona con posibilidades de dar un mensaje importante en su existencia.

**Dos de oros con cuatro de copas**
Fecundidad.

**Tres de oros con tres de espadas**
Pleito amoroso o laboral.

**As de copas con tres o cinco de copas**
Matrimonio.

**As de copas con cinco de espadas**
Divorcio.

**Cuatro de copas con (rey o sota de cualquier carta)**
Persona con hijos

**As de espada con siete de espadas**
Muerte.

**Cuatro de espadas con dos de espadas**
Enfermo en casa.

**Siete de espadas con cuatro de espadas**
Enfermedad grave.

# LAS CARTAS

## DOS DE OROS

Felicidad-Viaje corto.

(Posiblilidad de alegría)

## TRES DE OROS

Sorpresa-Exito Sorpresivo.

Condiciones favorables en cc
tiempo.

## CUATRO DE OROS

Proyecto con éxito.

## CINCO DE OROS

Cambio favorable.

(Pero también puede significar pérdidas o calumnia)

## SEIS DE OROS

Dinero-Posibilidad de dinero.

(Inquietudes)

**SIETE DE OROS**

Riquezas-Alegría.

## DOS DE COPAS

Buenas noticias.

(Encuentro inesperado)

**TRES DE COPAS**

Abundancia-Regalo

**CUATRO DE COPAS**

Alegría en el hogar-Hijos

## CINCO DE COPAS

Visita Inesperada.

(Encuentro importante)

## SEIS DE COPAS

Celebraciones-Encuentros sociales.

## SIETE DE COPAS

Deseos realizados.

## DOS DE BASTOS

Cama de Amor.

(Persona que se acerca o aleja)

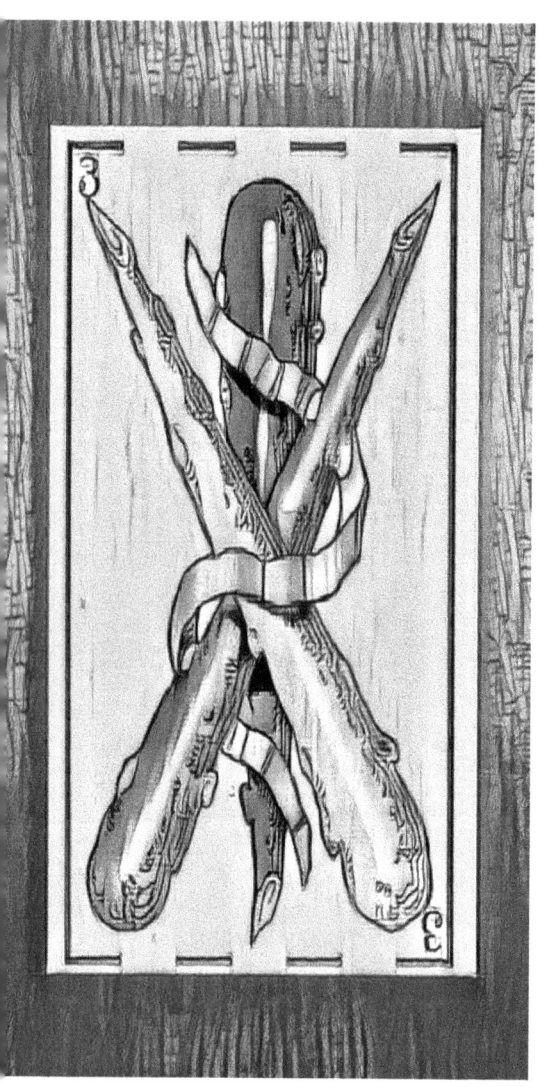

**TRES DE BASTOS**

Unión sentimental.

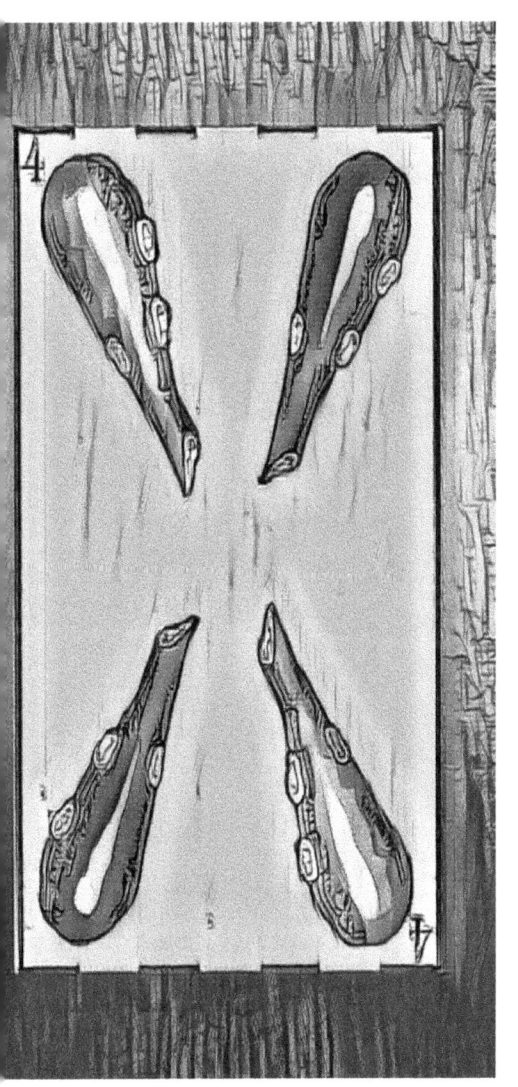

## CUATRO DE BASTOS

Pasión-Relación puramente sexual.

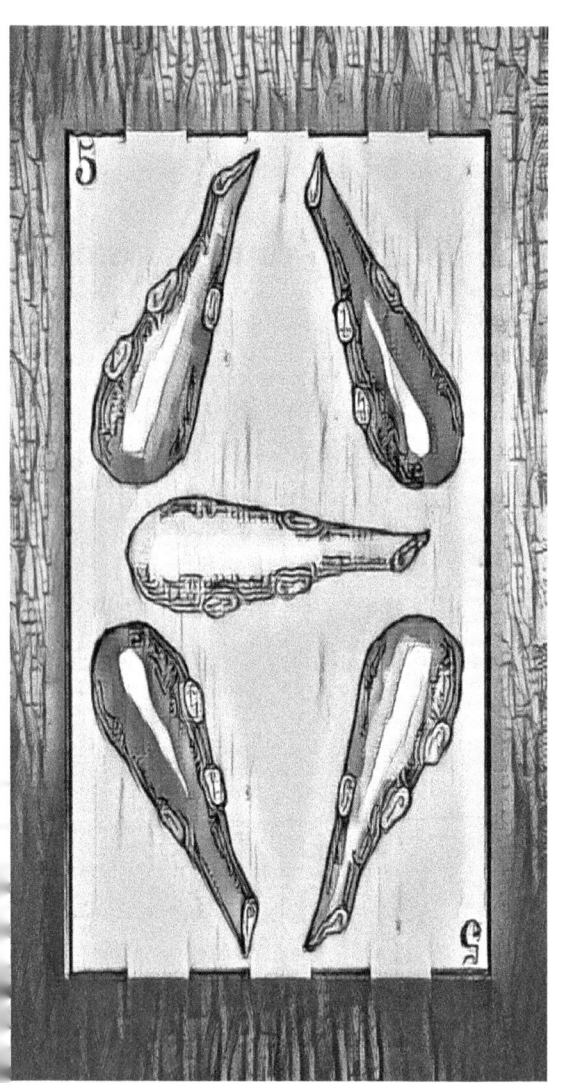

## CINCO DE BASTOS

Documento-Mensaje o Entrevista.

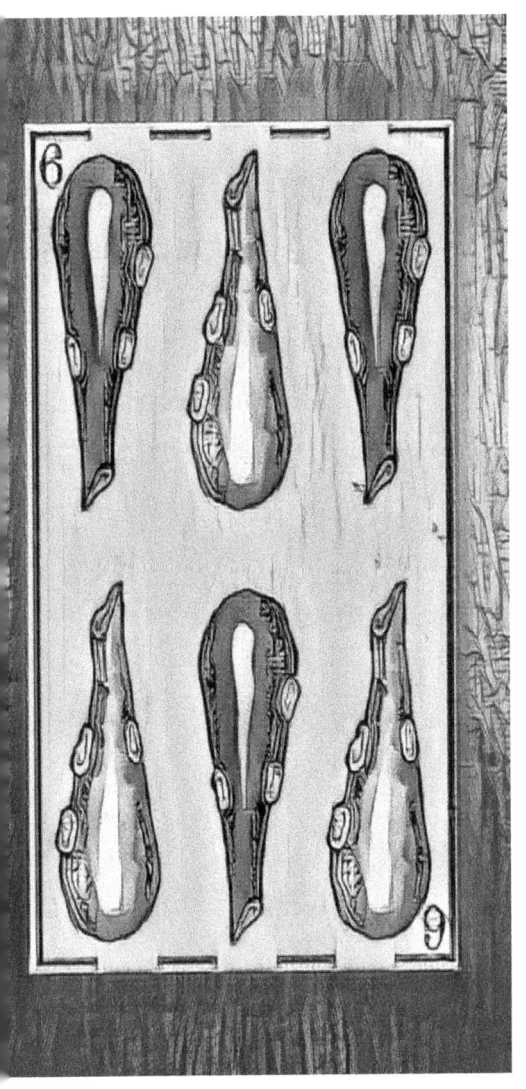

## SEIS DE BASTOS

Noche de Amor.

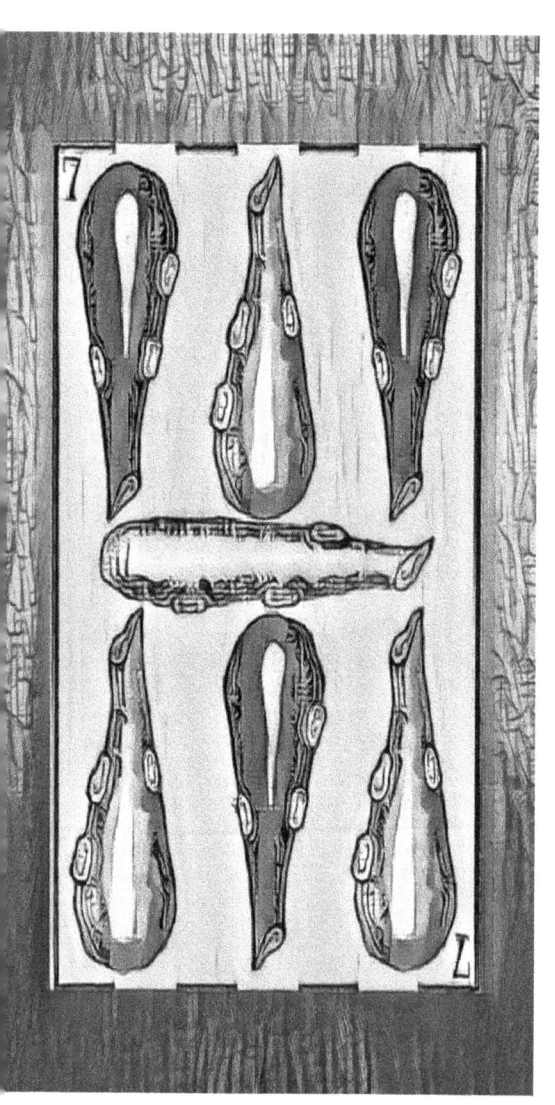

## SIETE DE BASTOS

Tristezas-Dificultades.

**DOS DE ESPADAS**

Cosa que se aleja.

**TRES DE ESPADAS**

Contrariedades.

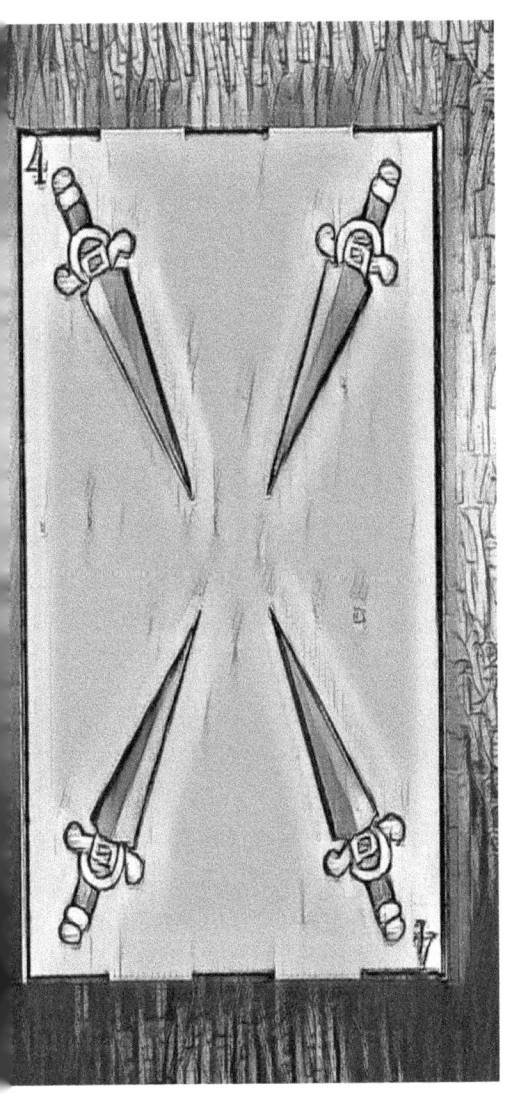

**CUATRO DE ESPADAS**

Accidente-Enfermedad.

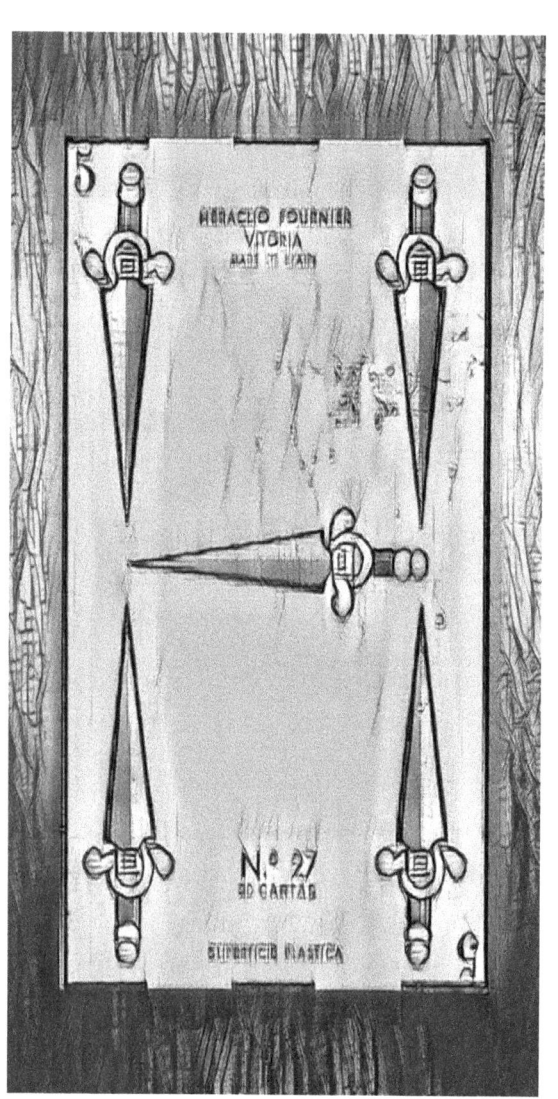

## CINCO DE ESPADAS

Fin de algo-Separación.

(Inestabilidad y pleito)

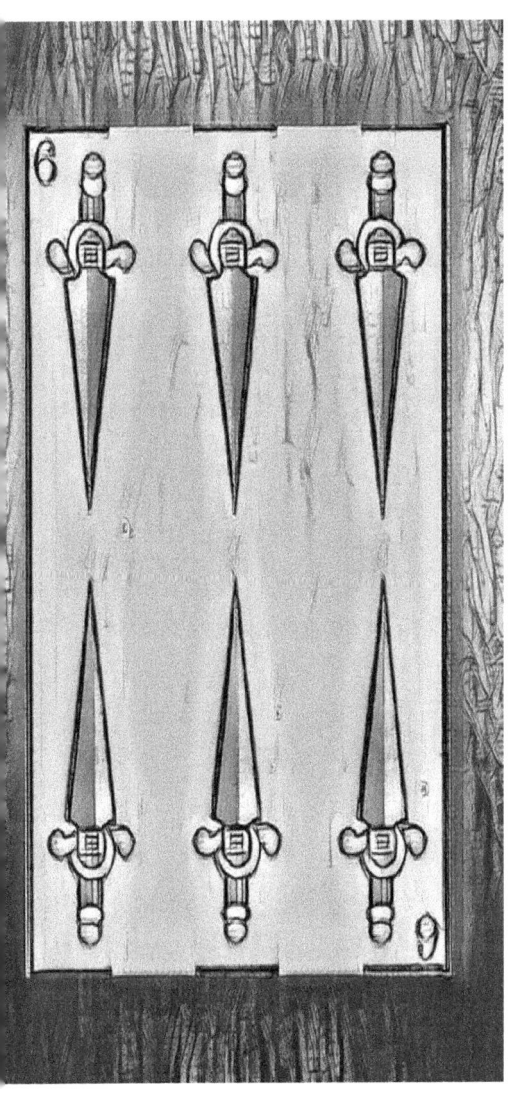

## SEIS DE ESPADAS

Lágrimas o preocupación.

(Comienzo de algo)

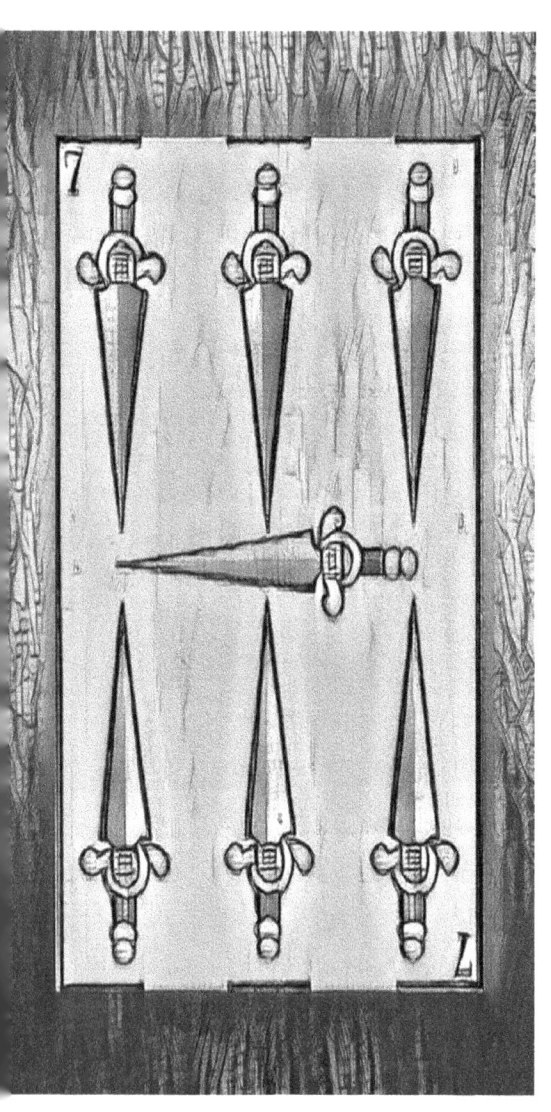

**SIETE DE ESPADAS**

Llamada telefónica.

# EL ORACULO

Antes de barajear las cartas se debe recitar esto:

- Padre: dame la fuerza sabiduria para alcanzar mi ideal.
- Hijo: guiame para alcanzar mi ideal.
- Espiritu: iluminame para alcanzar éste.

- Maria derrama tus rayos de luz para disipar todo aquello que no sea luz y ayudame a discernir el mensaje de mi Padre.

- Padre aclara mis dudas.
- Padre dejame saber lo que necesito saber.
- Y sobre todo lo que Tú me quieres dejar saber.

- Y si al pedirte esta foma de comunicacion entre tú y yo te ofende, perdoname.

- Se barajean las cartas veitiún veces, se vuelven a barajear siete veces, luego se vuelve a barajear siete veces y por último una sola vez.

- Una vez iniciado el proceso preliminar, se entre mezclan las cartas siete veces entre sí, luego se barajean siete veces y por último se barajean otras siete veces más.

- Se cortan en dos mazos.

- El primer mazo que resulto del corte se pone encima del segundo.

- Se vuelven a barajear las cartas veitiún veces, y se corta en dos mazos. El primer mazo que resulto del corte se pone encima del segundo.

- Y se vuelve a barajear veintiún veces, y esta vez se corta las cartas en tres mazos, y se procede a la lectura.

- Cada mazo para la lectura se dispone en fila horizontal, y cada fila debe tener solo cinco cartas.

- Se barajean las cartas siete veces, se entre mezclan las cartas siete veces entre sí, y por último se barajean otras siete veces más.
- Se corta las cartas en tres mazos, y se procede a la lectura.
- Para lectura final, se barajean las cartas veitiún veces, se vuelven a barajear siete veces, luego se vuelve a barajear tres veces y por último se entre mezclan las cartas una sola vez.
- Se corta las cartas en cinco mazos, y el consultante debera escoger uno de estos.
- Los cinco mazos de cartas se disponen así:

A medida que usted vaya haciendo los ejercicios de activar la glándula pineal –decir, abrir su tercer ojo, y en cada lectura de cartas se irá activando su capacidad intuitiva.

Y se le recomienda al practicante hacer meditaciones.

EL CONOCIMIENTO ESTÁ EN USTED MISMO....

# LA BARAJA ESPAÑOLA

*para Principiantes*

# LA BARAJA ESPAÑOLA

El presente libro es para aquellos que desean aprender a interpretar los significados de cada carta de la baraja española.

Aparte de esbozar cada significado de cada carta e indicar el método de echar éstas e interpretarlas. Cabe destacar que, también se indica cómo abrir el tercer ojo para que el practicante desarrolle su capacidad intuitiva.

Este libro no es tan solo para principiante...

www.ingramcontent.com/pod-product-compliance
Ingram Content Group UK Ltd.
Pitfield, Milton Keynes, MK11 3LW, UK
UKHW022211230426
12048UKWH00016BA/774